RECHERCHES

SUR LA GÉNÉALOGIE ET L'HISTOIRE

DE LA FAMILLE

ARNAL DE SERRES

PAR J. S.

SAINT-BRIEUC

IMPRIMERIE-LIBRAIRIE-LITHOGRAPHIE DE RENÉ PRUD'HOMME

1906

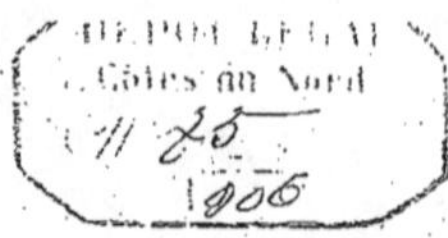

RECHERCHES

SUR LA GÉNÉALOGIE ET L'HISTOIRE

DE LA FAMILLE

ARNAL DE SERRES

PAR J. S.

SAINT-BRIEUC
IMPRIMERIE-LIBRAIRIE-LITHOGRAPHIE DE RENÉ PRUD'HOMME
1906

Cet ouvrage est destiné exclusivement à la famille de Serres et aux familles alliées.
Il en a été tiré en tout 25 exemplaires qui ont reçu les destinations ci-dessous :

1 M. Louis DE SERRES.
2 Le Capitaine Jacques DE SERRES.
3 M. Henri DE SERRES.
4 M. Gaston DE SERRES.
5 M. Emmanuel DE SERRES.
6 Le Capitaine Raymond DE SERRES.
7 M. Henri DE SERRES.
8 M. Jean DE SERRES.
9 M. Robert DE SERRES.
10 Le Commandant Jean DE SERRES.
11 Mme François DE SERRES.
12 Le Vicomte DE BONALD.
13 La Comtesse Victor DE LA FOREST-DIVORME.
14 Le Commandant Louis BONNET.
15 Le Comte DE COSTART.
16 Le Vicomte Xavier DE COSTART.
17 Le Baron D'ESPÉRIÈS.
18 M. Maurice D'ESPÉRIÈS.
19 Le Comte Louis DE CALADON.
20
21
22
23
24
25

INTRODUCTION

I

Le présent ouvrage n'est pas une œuvre achevée, définitive ; loin de là. Aussi le titre qui lui convient le mieux est-il bien simplement celui de Recherches ou d'Etudes. Il est, en effet, le résultat d'un travail qui ne peut être regardé que comme une étude préparatoire à une reconstitution plus exacte et plus complète du passé de notre famille. Telle qu'elle est exposée ici avec ses nombreux points d'interrogation, cette étude en appelle forcément une autre plus complète ; mais telle qu'elle est cependant, elle n'en constitue pas moins aussi un canevas sur lequel pourront être fixés tous les morceaux ou points de détail qui seront petit à petit tirés de l'obscurité ou du doute.

Jusqu'à ces dernières années, nous ne connaissions rien pour ainsi dire de notre famille avant la Révolution ; c'est que pendant la Révolution, bien des liens de famille s'étaient relâchés, souvent jusqu'à la plus extrême limite ; des traditions s'étaient perdues. Chez nous, ce fut à tel point qu'il me suffira de dire que, lorsque mes grands parents se marièrent en 1805, ils ignoraient qu'ils étaient parents à un degré prohibé par l'Eglise ; ils ne le découvrirent que plus tard, et il fallut le faire régulariser en cour de Rome. Aux générations qui suivirent la Révolution, il restait un certain nombre de traditions orales qui nous ont été plus ou moins transmises ; il n'est donc pas étonnant que 100 ans après 1789, nous nous soyons trouvés cruellement indigents de données sur les générations de l'ancien régime.

Lentement j'ai pu reconstituer une histoire sommaire, mais exacte, de la famille pendant les deux derniers siècles. Je commence toutefois mon étude vers le milieu du XVIe siècle ; mais que de lacunes, d'incertitudes, de doutes dans les quelques rares lignes qui concernent les 150 années précédant le XVIIIe siècle. Enfin l'œuvre est là, elle se tient ; nous savons maintenant où éclaircir, où compléter ; ce sera affaire de travail et de temps. J'appelle les rectifications et les additions, car ce n'est qu'en vue des perfectionnements ultérieurs de mon étude que j'en arrête et fixe aujourd'hui les premiers résultats.

II

Je m'en suis tenu à l'histoire de la famille d'Arnal de Serres ; mais, alors que le nom de Serres n'est pris qu'aux environs de 1720, je remonte pourtant beaucoup plus haut, je cite des Arnal bien plus anciens en date. Il est certain que les premiers que je cite, vers 1550, sont des ancêtres communs à nous et aux d'Arnal, du Vigan ; mais je ne me suis nullement occupé de cette branche du Vigan en tant que collatérale. Où se fait en effet la séparation des deux branches ? Il n'est pas possible de le dire avec certitude ; la question est discutée plus loin, au 5e degré de la filiation. Les recherches sur la branche de Serres suffisent, et au-delà, à absorber mes loisirs, alors qu'il serait pourtant intéressant d'étudier aussi le passé de l'autre branche qui a son lustre et de qui nous tenons certainement des parentés anciennes, restées dans les traditions, mais dont la filiation de notre branche ne permet pas de retrouver l'origine.

Saint-Brieuc, 17 Août 1906.

J. S.

CHAPITRE I

—

LE NOM ET LES ARMOIRIES

LE NOM

I

Le nom patronymique est « Arnal » ; il a été aussi écrit « Arnail ». La Roque dénomme la famille, pour les premiers degrés « Arnal ou Arnail ».

Il existe à Serres une lettre de Choiseul à Jean-Louis d'Arnal à propos de son titre de pension, dans laquelle ce Ministre lui dit que son nom est « Arnail » et non « Arnal ». Et bien des pièces qui sont actuellement aux archives du Ministère de la Guerre sont signées « Arnail » aussi bien qu' « Arnal ».

Et à la génération suivante, quand Jean-Louis-Marie, officier dans Royal-Auvergne, dut démocratiser son nom au début de la Révolution, il l'écrivit « Arnail Desserres. » (Annuaire de l'Armée pour l'année 1792, page 97).

Mais depuis cette époque, le nom « Arnal » a persisté sans la variante.

II

Le nom Arnal se trouve avec ou sans la particule ; mais peut-être ne convient-il pas de donner à la particule la même signification dans les premiers degrés que plus tard.

Dans les premiers degrés, elle a la signification de « né de » ou « issu de » ; Pierre d'Arnal signifie Pierre, fils ou issu d'Arnal. Mais au XVIIIe siècle s'introduit la manie d'accoler la particule à des noms qui ne la comportent pas ; Arnal est en somme un prénom comme Adhémar, Foucaud, etc. Dans la famille nous trouvons un mélange d' « Arnal » et de « d'Arnal » ; le Capitaine du Régiment de Dauphiné était le Capitaine « d'Arnal » ; c'est sous ce nom qu'il était désigné au Vigan.

Le nom « d'Arnal » nous semble donc tout aussi légitime que le nom « Arnal » ; mais le second nous semble aussi plus conforme à la vieille tradition. Peut-être cet accroc de la tradition a-t-il été amené par l'exemple de la famille d'Arnal, du Vigan, dont il est parlé au 5ᵉ degré de la filiation, et qui n'ayant pas accolé de nom à son nom patronymique a, suivant la mode de l'époque, marqué sa noblesse en ajoutant la particule au nom unique sous lequel elle était connue ?

III

Dans la branche de Serres, différents noms ont été accolés au nom Arnal. Ainsi, au 6ᵉ degré, nous trouvons un aîné « Guillaume d'Arnal, Seigneur d'Espinassous » et, d'après les traditions, c'est ce nom qu'il portait. Son fils est Seigneur « de la Devèze » et devait porter ce nom qui est repris au degré suivant (8ᵉ) par un abbé, Guillaume-Victor, curé de Lanuéjols, qui signa longtemps « La Devèze ».

Aux environs de 1720, après l'acquisition de la terre de Serres, les Arnal sont qualifiés « Seigneurs de Serres » ; mais jusqu'à la Révolution, le nom Arnal reste le plus usité. Ce n'est qu'avec le XIXᵉ siècle que le nom de Serres prédomine pour être le seul presque exclusivement employé en dehors des actes officiels.

IV

Le nom de Serres est un nom répandu ; il est porté par un grand nombre de familles ; mais nous n'avons aucune parenté avec elles.

Le fameux agronome, Ollivier de Serres, était du Vivarais, province voisine ; mais il s'appelait de Serres 150 ans avant que nous ne fassions l'acquisition de la terre dont nous devions prendre le nom.

Les de Serres de Montpellier portaient ce nom encore bien plus anciennement.

Le Ministre de la Restauration était Lorrain.

Le fameux de Serres, acolyte de M. de Freycinet à la défense nationale en 1870-71, était un polonais qui avait pris un nom français, etc. etc.

LES ARMOIRIES

I

Une copie de l'ordonnance d'enregistrement des armoiries de « Messire d'Arnal Ecuyer, Chevalier des ordres du Roy » se trouve au Chapitre IV, page 28.

Les armes des d'Arnal portent :

« D'or, au noyer arraché de sinople ; au chef d'azur chargé de trois étoiles d'or. »

Mais quel est le « Messire d'Arnal » dont il est question dans l'ordonnance d'enregistrement ? Et à quelle branche de la famille appartenait-il ?

En tout cas, ces armes sont bien exactement celles que la tradition nous a fidèlement perpétuées (1).

II

Nos armoiries ne comportent ni couronnes ni devise, etc. Celles qui les accompagnent assez ordinairement sont de fantaisie, sauf le casque d'écuyer et, d'après une tradition assez constante, deux lévriers comme supports.

(1) Mon frère Henri possède 2 plats d'étain portant des armoiries épiscopales à notre blason. Viendraient-ils de Jean Arnal qui était évêque en 1706 et qui est le seul évêque connu de la famille ? Il y a toutefois à remarquer que ces armes épiscopales portent les étoiles d'argent et non d'or. Est-ce une variante ? une omission ? ou ces plats proviendraient-ils d'un prélat de la maison de Nogaret dont ce sont les armes exactes ?

CHAPITRE II

LA FILIATION

1er DEGRÉ

Pierre d'Arnal vivant en 1541, eut pour fils :

Louis d'Arnal, qui suit.

2e DEGRÉ

Louis d'Arnal, Seigneur de Montgairol, Fresol, Foulhaquier eut pour fils :

Etienne d'Arnal, qui suit.

3e DEGRÉ

Etienne d'Arnal, Seigneur de la Baumelle, épouse le 16 janvier 1585, Claude de Marin. Il reçut diverses reconnaissances la même année. Il eut pour fils :

Jean d'Arnal, qui suit.

4e DEGRÉ

Jean d'Arnal, Seigneur de la Devèze-Lacam, épouse le 2 septembre 1616, Suzanne Donceil dont il eut :

1°) Antoine-Hercule,

2°) Charles, lieutenant au régiment de Provence.

Jean d'Arnal et ses fils furent maintenus en noblesse, le 5 décembre 1668.

5e DEGRÉ

Il y a ici une lacune dans la filiation : il n'est pas possible d'établir quel est celui des fils de Jean d'Arnal qui continua la filiation, ni même d'affirmer que c'est bien à raison que je fais de Barthélemy qui suit, au 6e degré, le fils de l'un d'eux et le petit-fils de Jean d'Arnal. Il me semble pourtant bien avoir vu (peut-être est-ce dans les papiers de Serres ?) Barthélemy donné comme petit-fils et filleul de Jean d'Arnal et de Suzanne Donceil.

Quoi qu'il en soit, il y a de très sérieuses présomptions pour faire admettre que la filiation donnée ici est bien la véritable. En effet :

1°) Les représentants des 4 premiers degrés figurent dans l'ouvrage de M. Louis de la Roque (1860) sous le nom « Arnal ou Arnail ». Or, j'ai dit plus haut, au sujet de notre nom, que Choiseul écrivait à Jean-Louis d'Arnal pour lui dire que son nom était « Arnail » et non « Arnal ». A la Révolution, le fils de Jean-Louis d'Arnal se fit appeler « Arnail-Desserres. »

Nous trouvons donc cette même variante avant et après la lacune ; il y a continuité du nom patronymique avec sa variante.

2°) Il y a de même continuité du nom de la Devèze, que nous voyons pour la première fois au 4e degré, chez Jean d'Arnal et que nous retrouvons au 6e chez Guillaume de la Devèze, fils de Guillaume d'Espinassous, et au 8e chez l'abbé Guillaume-Victor d'Arnal, curé de Lanuéjols.

3°) Il y a également continuité pour les prénoms.

4°) Les armoiries qui sont données au chapitre IV sont celles qui ont été dressées après les maintenues en noblesse du règne de Louis XIV. Ce sont aussi ces armoiries qui ont été continuées jusqu'à nos jours.

Il semble donc qu'on puisse admettre, sans crainte d'erreur, la continuité de la filiation telle qu'elle est présentée ici. Mais il n'en reste pas moins à savoir de quels fils de Jean d'Arnal sont issues et la branche présente de Serres et la branche actuellement dite Arnal du Vigan ; car, des deux côtés, il y a une lacune de 10 à 20 ans, après 1668.

Nous avons pris le nom de Serres, alors que l'autre branche restait d'Arnal ; j'en conclurais qu'elle descend d'un aîné ; nous, d'un cadet. Quoique Waroquier prétende que les deux branches sont séparées depuis 1527, il semble qu'il faille aller chercher moins loin leur souche commune et qu'elles ont eu pour ancêtre commun Etienne d'Arnal, qui figure au 3ᵉ degré et qui possédait la seigneurie de la Baumelle, seigneurie passée dans la branche du Vigan.

Enfin quoi qu'il en soit, le représentant inconnu de ce 5ᵉ degré eut pour fils :

1°) Barthélemy qui suit ;

2°) ? Pierre, prêtre et camérier du Vigan ;

3°) ? Jean, évêque. — Le contrat de mariage de Louis, fils de Barthélemy, les donne comme oncles de ce Louis ; il y a à présumer que c'étaient donc les frères de son père. Le contrat les cite dans l'ordre ci-dessus sans dire quel est l'aîné.

6ᵉ DEGRÉ

Barthélemy Arnal épousa vers 1680, Jeanne de Monestier. Il était décédé avant le mariage de son fils Louis (contrat du 30 juin 1706). Il eut pour fils :

1°) Guillaume, seigneur d'Espinassous, Reven, Commeiras, La Roque, La Canourgue, La Vilatelle, Randavel et autres places. C'étaient là des terres situées entre la Dourbie, et le Trévezel, dans la partie du Causse Noir qui avoisine les montagnes du Vigan. Guillaume d'Espinassous épousa Marianne de Lagarde, dont il eut :

Guillaume Seigneur de la Devèze qui servit aux mousquetaires du 1ᵉʳ novembre 1745 au 1ᵉʳ octobre 1747 ; nommé à la fin de 1747, Lieutenant au régiment de Vexin.

J'ai entendu dire à mon oncle Maurice de Serres qu'Espinassous sortit de la famille au milieu du XVIIIᵉ siècle, vendu par un de nos arrière grands-oncles qui était *panier-percé*, paraît-il, et qui entrait au service dans lequel on se ruinait si bien à l'époque. Il semblerait qu'Espinassous eût été vendu par Guillaume de la Devèze. Retiré du service il reçut une commission de Capitaine aux Grenadiers royaux ;

2°) Louis, qui suit ;

3°) Barthélemy, prêtre et sous-diacre du Vigan en 1706.

7e DEGRÉ

Louis Arnal, marchand, épousa le 30 juin 1706, au Vigan, Marianne Angély, fille de Claude Angély et de Marie de Bégon.

Le 14 juin 1720, il fut pourvu de l'office de conseiller du Roy, auditeur en sa cour des comptes, aydes et finances de Montpellier.

C'est vers cette époque que la terre de Serres entra dans la famille, achetée, je crois, aux de Serre de Saint-Roman qui, fermiers généraux fort riches, allaient à Paris. Il reste de vagues traditions de relations entre les deux familles. C'est dans un acte du 17 septembre 1726 que Louis Arnal est qualifié pour la première fois de seigneur direct du Mas de Serres. Dans le contrat de mariage de son fils Louis (26 janvier 1733), il est dénommé « Louis d'Arnal, seigneur direct de Serres » et sa femme est dénommée « Marianne d'Angely. »

Le 17 octobre 1739, Louis d'Arnal acheta la maison du Vigan pour 6.000 livres à Etienne de Villars.

Il mourut le 18 mars 1767, laissant un fils :

Louis, qui suit.

8e DEGRÉ

Noble Louis d'Arnal, Ecuyer, Seigneur de Serres, Bréaumèze, le Mazet, le Plan et autres places, épousa le 21 janvier 1733, Elisabeth-Agathe de Roussy, fille de noble Jean de Roussy, Seigneur de Caladon, etc., et de dame Marie de Martin. Le futur était assisté de ses père et mère, de son oncle Guillaume d'Arnal, Seigneur d'Espinassous, et de dame Marianne de Lagarde, épouse de Guillaume d'Arnal. La future était assistée de ses père et mère, et de nobles Annibal et Jean de Roussy, ses frères.

Les modestes Seigneuries et autres places nomenclaturées dans les titres de Louis d'Arnal, sont des dépendances de la terre de Serres, près du Vigan, au pied de la montagne de l'Espérou, sur le territoire de la commune actuelle de Bréau.

Le 13 mai 1767, Louis d'Arnal fut pourvu de l'office d'auditeur à la cour des comptes de Montpellier, office que détenait son père décédé le 18 mars précédent. Le 10 juin 1771, il assiste avec son épouse au mariage de son fils Jean-Louis.

Il testa au Vigan, le 16 avril 1777, laissant ses biens à son fils aîné noble Jean-Louis, sauf :

10.400 livres à son fils cadet, Guillaume-Victor, curé de la Nuège ;
1.000 livres au sieur de la Tour, son petit-fils, dont la mère était décédée ;
12.400 livres à la demoiselle Agathe d'Arnal de Serres, sa fille.

Il mourut le 18 décembre 1777. Il eut pour enfants :

1°) Jean-Louis qui suit ;
2°) Guillaume-Victor (Voir sa notice au Chapitre III.)
3°) Une fille qui, décédée avant le 16 avril 1777, avait épousé M. de la Tour, avocat au Parlement ;
4°) Agathe.

9e DEGRÉ

Jean-Louis d'Arnal (Voir sa notice au Chapitre III), Seigneur de Serres, etc., naquit le 4 mai 1735.

A douze ans, le 4 octobre 1747, il est nommé Lieutenant au régiment de Custine dans lequel servaient ses oncles de Roussy. Il fait les campagnes de 1747-48, 1757, 1758 ; il était à Rossbach. Le 22 mai 1759, il est nommé capitaine dans son même régiment, appelé alors Saint-Chamond, puis Rosen ; finalement Dauphiné. Il fut retraité le 21 avril 1768, la santé ruinée, semble-t-il, par des campagnes faites en trop jeune âge.

Le 10 juin 1771, il épousa Françoise-Gabrielle de Causse.

Le 10 mars 1778, il vend à Jean-Baptiste de Sambucy de Luzençon, la charge de son père décédé le 18 décembre précédent.

Il assista à l'assemblée de la noblesse qui précéda les Etats-généraux de 1789.

Le 20 avril 1791, il obtint la croix de Chevalier de Saint-Louis. Il mourut vers le début de la Révolution. Ses enfants furent :

1°) Jean-Louis-Marie (Voir sa notice au Chapitre III), officier au 18e d'Infanterie, cy-devant Royal-Auvergne, blessé mortellement au siège de Maubeuge, le 11 juillet 1793.

2°) Marie-Agathe-Delphine, née le 24 février 1776, filleule de son grand-père de Serres et de Delphine de Graudelle. Elle épousa en l'an V de la République (1797) François-Pierre, marquis d'Espériès. Elle mourut le 3 février 1824.

3°) Louis-Alexandre qui suit.

10e DEGRÉ

(Louis)-Alexandre d'Arnal de Serres épousa, le 13 mai 1805 (Anne)-Henriette-(Elisabeth) de Bonald, fille du vicomte de Bonald, le philosophe de très illustre mémoire. (Voir au chapitre IV le tableau de leur parenté).

Sous la Restauration, Alexandre de Serres fut receveur des Finances au Vigan ; il quitta sa charge en 1830, à la chute de Charles X et mourut en 1835.

De son mariage avec Henriette de Bonald, il eut :

1°) Gabrielle, née le 29 avril 1806. Ce fut elle qui éleva les enfants de son frère Maurice qui perdirent leur mère étant encore en bas-âge.

2°) (Marie-Alexandre)-Séverin, qui suit ;

3°) Louis-Ambroise-Gustave, né le 6 octobre 1810. Il entra dans les ordres et fit ses études théologiques au Séminaire français de Rome. L'abbé Gustave de Serres devint vicaire général et chanoine de Lyon, doyen de la primatiale et camérier secret de S. S. le Pape Pie IX, après avoir été longtemps à l'archevêché de Lyon, secrétaire du Cardinal de Bonald, son oncle. Mgr de Serres mourut à Lyon le 4 avril 1880.

4°) Henri (Marie-Honoré), qui suit (branche cadette) ;

5°) Louis, né en 1813 ; il fut capitaine de frégate, officier de la Légion d'honneur. Il mourut le 19 novembre 1885 au Vigan où il était en retraite depuis quelques années.

6°) Maurice, marié à Augusta de Rostaing d'une famille du Dauphiné. Il mourut au Vigan en 1899. Ils eurent :

1°) Henriette ;

2°) Marie, morte en bas-âge ;

3°) (Marie)-Jean, né le 31 mai 1859, chef de Bataillon d'Infanterie breveté d'Etat-Major au 59e d'Infanterie à Pamiers (Ariège), Chevalier de la Légion d'honneur, marié le 27 octobre 1898 à Hyacinthe Vidal de Lausun, d'une famille de Languedoc ;

4°) François, officier de réserve de cavalerie, marié en mars 1897 à Thérèse de Malizac de Sengla, d'une famille de la Lozère ; mort d'un accident de cheval, le 12 septembre 1901.

7°) Charles né en 1817, fut curé de Milhaud (Gard) et chanoine de Nîmes où il décéda en 1881.

8°) Nathalie, décédée à Lyon en octobre 1876 au couvent de la Ferrandière, étant assistante générale des Dames du Sacré-Cœur.

9°) (Jean)-Léon, né en 1820. Léon de Serres fut officier d'Infanterie ; il démissionna en 1861 et alla en Egypte où il mourut à Alexandrie vers 1899.

10°) Raymond, mort en bas-âge.

11e DEGRÉ

(Marie-Alexandre)-Séverin, né en avril 1809, fut dessinateur et peintre de talent. En 1858, il épousa Angéline- (Françoise) de Landine de Saint-Esprit d'une famille du Forez. Il mourut le 29 mars 1902 à Néronde (Loire) où il s'était fixé après avoir habité Lyon. Ils eurent :

1°) Etienne-(Marie-François) né à Lyon en août 1859 ; y décédé le 3 mai 1874 ;

2°) Marie-(Louise-Françoise) née à Lyon le 9 février 1861, y décédée le 11 février 1878 ;

3°) Emilie-(Marie-Françoise-Augustine) née à Lyon le 24 avril 1863 ;

4°) Louis-(Marie-François) qui suit.

12e DEGRÉ

Louis-(Marie-François), né à Lyon le 18 novembre 1864, musicien distingué comme compositeur et comme professeur, à la Schola cantorum ; marié le 5 janvier 1891 à Juliette- (Pauline) Vuillet, fille de Louis Vuillet, maire du IVe arrondissement de Paris en 1870.

BRANCHE CADETTE

11e DEGRÉ

Marie-Henri-Honoré (Voir sa notice au chapitre III) né le 7 juin 1812. Il se lança dans le journalisme après la révolution de 1848 et y réussit ; pour services rendus dans la presse, Napoléon III le nomma Chevalier de la Légion d'honneur. Henri de Serres entra dans l'Administration en 1854 comme conseiller de préfecture de la Drôme. Le 17 février 1857, il épouse Honorée-Jeanne Frandon, d'une famille de Valence.

Les années suivantes, il est successivement sous-préfet de Nyons, Montélimar, Thionville où il est en 1870 et où son attitude pendant le siège et pendant un affreux bombardement lui valent l'année suivante la croix d'Officier de la Légion d'honneur.

Après la guerre il fut sous-préfet de Dieppe puis préfet de l'Aveyron. Mis en disponibilité en 1876, il se retira à Valence où il mourut le 2 février 1879 des suites d'une chute faite quelques années auparavant.

De son mariage avec Honorée Frandon, il eut :

1° Jacques-(Marie-Antoine), né à Valence le 12 avril 1860, capitaine adjudant-major au 71e régiment d'infanterie, à Saint-Brieuc, Chevalier de la Légion d'honneur. Jacques de Serres épousa le 21 mai 1884 Marie-Nathalie de Costart, d'une famille de Normandie. Ils eurent :

1°) Suzanne, morte en bas-âge ;

2°) (Anne-Marie)-Henri, né à Auray le 31 mars 1886 ;

3°) (Marie-Honoré-Gabriel)-Gaston, né à Granville, le 6 septembre 1887 ;

4°) (Marie-Paul)-Emmanuel, né le 30 décembre 1888 au château de la Chevallerie (Grand-Lucé, Sarthe).

2°) (Marie-François-Gabriel)-Raymond, né à Valence le 21 décembre 1861, capitaine adjudant-major au 157e d'Infanterie à Lyon. Marié le 1er octobre 1897 à Marie Chanuet, dont :

1°) Germaine, née à Lantigné le 27 juillet 1898.
2°) Blanche, née à Lyon, le 22 novembre 1899.
3°) Camille, décédée en bas-âge.

3°) (Marie-Jeanne)-Louise, née à Montélimart, le 3 juin 1863, religieuse du Sacré-Cœur. Louise de Serres décéda au couvent de la Ferrandière, le 20 avril 1893.

4°) (Marie-Eugénie)-Isabelle, née à Thionville en 1865. Religieuse du Sacré-Cœur, elle est à la maison de Cincinnati (États-Unis), ayant dû quitter la France par suite de l'application de la loi sur les congrégations.

5°) (Marie-Louis)-Henri, né à Thionville le 30 décembre 1867, ingénieur des Mines à Saint-Etienne ; marié le 7 janvier 1896 à Jeanne Savy, dont :

1°) Jean, né à Saint-Etienne, le 17 octobre 1896 ;
2°) Antoinette, née à Saint-Etienne, le 29 mars 1899 ;
3°) Robert, né à Saint-Etienne, le 4 septembre 1902.

CHAPITRE III

QUELQUES NOTICES BIOGRAPHIQUES

I

Le Capitaine d'Arnal du Régimemt du Dauphiné (1735-179?).

Jean-Louis d'Arnal, seigneur de Serres et Bréaumèze, naquit au Vigan le 4 mai 1735. Il était le fils aîné de Louis d'Arnal et d'Agathe de Roussy ; il eut pour parrain son grand-père maternel, Jean de Roussy, procureur du roi au Vigan, et pour marraine, sa grand'mère paternelle, Marianne Angely.

Le 4 octobre 1747, il est nommé lieutenant au régiment de Custines, régiment ainsi nommé du nom de son colonel, Marc-Antoine, marquis de Custines. Jean-Louis d'Arnal avait juste 12 ans ; à l'époque, quand un enfant figurait comme officier dans un régiment, c'était généralement pour accompagner quelque parent ; Jean-Louis d'Arnal avait en effet deux oncles de Roussy capitaines au régiment de Custines ; c'étaient probablement les frères de sa mère, mais l'un d'eux venait d'être tué, le 30 août, au siège du fort de Rowers, près de Berg-op-Zoom.

Jean-Louis fit la campagne de 1747-48 avec son régiment qui comptait trois bataillons ; il devait être au 3e. Avant d'aller hiverner à Namur, le régiment participe au siège des petits forts de l'Escaut entre Berg-op-Zoom et Anvers.

Au commencement de 1748, Custines, fort de 4 bataillons, est au siège de Maëstricht ; dans la nuit du 29 au 30 avril, il a 20 hommes enterrés par une mine. Après la prise de la place, il cantonne autour de Limbourg et rentre en octobre en France où son 4e bataillon est réformé à Saint-Quentin, puis il regagne Sarrelouis.

Le 1er février 1749, Custines prend le nom de Saint-Chamond, du nom de son nouveau colonel, Charles-Louis Auguste de la Vieuville, marquis de Saint-Chamond. Dans le courant du mois, Saint-Chamond va de Sarrelouis à Metz où son troisième bataillon est réformé peu après. Jean-Louis d'Arnal est réformé le 11 mars.

Il est replacé comme lieutenant, le 20 décembre 1755, à son régiment qui, toujours Saint-Chamond, est maintenant à Montlouis.

L'année suivante, le régiment se dirige sur Toulon pour participer à l'expédition de Minorque ; mais la flotte qui a profité d'un vent favorable, est partie avant l'arrivée de Saint-Chamond qui est alors envoyé dans le Vivarais.

En 1757, dans les premiers mois de l'année, le régiment dirigé sur Nantes, trouve le 13 mai à son passage à Angoulême, l'ordre de rallier l'armée de Soubise à Strasbourg. Il prend part à toutes les opérations de la campagne ; ses grenadiers se signalent le 30 octobre, à la défense du pont de Weissenfels.

L'année suivante, le régiment de Saint-Chamond est à Rossbach où il appuyait sa droite à la gauche du régiment de Piémont. Jean-Louis d'Arnal échappe au désastre, mais le régiment a perdu 400 hommes ; il a 7 officiers tués et 29 blessés ou pris, la plupart blessés. Les capitaines de Roussy et La Motte sont au nombre des prisonniers ; le premier était l'oncle de Jean-Louis ; et ce fut le second que Jean-Louis remplaça l'année suivante comme capitaine, alors qu'il était toujours en captivité.

Saint-Chamond se retire sur Dusseldorf, puis sur Lille où il arrive le 18 avril 1758. Le 23, il est dirigé sur Coutances où les tentatives des Anglais lui font tenir campagne jusqu'à l'automne. Après Saint-Cast, où il n'est pas, le régiment va se refaire à Alençon.

En mars 1759, le régiment va à Belle-Ille. Le 22 mai, Jean-Louis d'Arnal est nommé capitaine.

En octobre 1760, le Régiment va à Brest ; en avril 1761, à Morlaix et au Conquet ; en décembre, à Hennebont.

Le 11 mai 1762, Saint-Chamond prend le nom de Rosen, du nom de son nouveau colonel, Eugène-Octave-Augustin, comte de Rosen. Il va à Saint-Jean d'Angely, La Rochelle, l'île de Ré où il se trouvait le 10 décembre quand il prit le nom de Régiment de Dauphiné.

Jean-Louis d'Arnal fut réformé le 22 janvier 1763 et se retira du service, n'exprimant le désir d'être rappelé que pour avoir la croix de Saint-Louis. Dans sa demande de retraite il parle de sa mauvaise santé ; il est certain que les campagnes qu'il fit étant enfant durent contribuer à la ruiner prématurément.

Le 21 avril 1768, il obtient une retraite de 300 livres. Dans les pièces relatives à l'obtention de cette pension et à son renouvellement, le nom patronymique est écrit « Arnail ». Il y a à Serres une lettre de Choiseul au sujet de ce nom.

Le 10 juin 1771, Jean-Louis d'Arnal épouse Françoise-Gabrielle de Causse, d'une famille de robe de Montpellier, fille d'un collègue de son père.

Le 20 août 1773, naissance de son fils Jean-Louis-Marie ;

Le 24 février 1776, naissance de sa fille, Marie-Agathe-Delphine ;

? naissance de son fils, Louis-Alexandre.

Le 10 mars 1778, il vend pour 19.000 livres à Jean-Baptiste de Sambucy de Luzançon, la charge de son père décédé le 18 décembre précédent.

Il assista à l'assemblée de la noblesse du Languedoc qui précéda les Etats-Généraux de 1789.

Le 20 avril 1791, Jean-Louis d'Arnal obtient la croix de Saint-Louis. Sa demande était appuyée d'une attestation de vétérans du Vigan qui avaient servi dans son Régiment comme sous-officiers ou soldats.

Il mourut au début de la Révolution.

II

L'abbé Guillaume-Victor d'Arnal de Serres de La Devèze (1736-1814)

L'abbé Guillaume-Victor d'Arnal de Serres de la Devèze naquit le 23 juin 1736 ; il était fils cadet de Louis d'Arnal de Serres et d'Agathe de Roussy.

En 1777, il est curé de Lanuéjols. Lanuéjols est une petite paroisse du Causse

Noir, à la limite des montagnes du Vigan, entre Trèves et Meyrueis. Lanuéjols se prononce Lanuège ; dans son testament, Louis d'Arnal a écrit La Nuège.

Le premier acte que l'abbé d'Arnal ait signé sur les registres de cette paroisse, registres existant encore, est du 7 janvier 1777 ; sa nomination de curé doit donc être de la fin de 1776. A cette époque, il signait « Ladevèze. »

Guillaume-Victor se trouve cité dans le testament que son père fit le 16 avril 1777, lui léguant une somme de 10.400 livres. Il en héritait à la mort de son père le 18 décembre suivant.

A partir de 1781, les actes de la paroisse de Lanuéjols sont signés le plus ordinairement : « Arnal de Ladevèze. » A partir du 10 août 1790, ils sont signés : « Arnal, Curé. »

Au commencement de la Révolution, l'abbé Arnal de La Devèze avait prêté serment à la constitution civile du clergé, mais il s'était rétracté dans la suite, quand il en avait connu la portée ; ce n'était d'ailleurs qu'après plusieurs mois que le Pape s'était prononcé sur ce sujet.

Le dernier acte signé à Lanuéjols est un mariage du 3 mai 1791 ; le registre porte ensuite la mention : « Clôturé le présent registre le sept janvier mil sept « cent quatre-vingt-treize, pour être continué par qui de droit. » Signé : « Arnal, curé. »

A partir de 1793, l'abbé de La Devèze dut mener une existence errante et cachée. L'abbé Sauvan du clergé de Nimes, dans son histoire des prêtres du diocèse martyrs de la Révolution, le signale en 1798 comme faisant en secret le service divin au bourg de Saint-André-de-Valborgne et aux environs. Probablement même l'abbé de la Devèze y était-il déjà avant 1798. C'est là, après le Concordat, qu'il fut de nouveau nommé Curé, le 10 pluviôse, an XI (31 janvier 1803). Mais dès 1802, son nom figure sur les registres de la paroisse de Saint-André et y figurera sans interruption jusqu'en 1812 ; il signait ordinairement « Arnal-Serres. » Ces registres existent encore.

En 1812, l'abbé d'Arnal de Serres avait 76 ans, il reçut un vicaire nommé Sauvaire, qui, à partir du mois de mai, signe tous les actes.

L'abbé de Serres mourut le 10 janvier 1814.

III

Le Capitaine Arnail-Desserres du 18e d'Infanterie, cy-devant Royal-Auvergne (1773-1793)

Jean-Louis-Marie d'Arnal de Serres naquit au Vigan, le 20 août 1773. Il était le fils aîné de Jean-Louis d'Arnal de Serres et de Françoise-Gabrielle de Causse.

Le 23 mai 1788, il fit devant Chérin, généalogiste du Roy, ses preuves de noblesse pour le service militaire. Le 13 octobre 1791, il est nommé Sous-Lieutenant au régiment de Royal-Auvergne. Entra-t-il au service à cette date où y était-il déjà avant ? je penche pour la dernière hypothèse, car d'après les traditions de la famille, Jean d'Arnal vint en congé à la maison paternelle : or, à partir d'octobre 1791, le temps n'était guère aux congés. En rentrant de congé, il avait suivant le règlement, ramené 2 recrues au régiment, 2 jeunes Pieyre du village de Serres. L'un d'eux ne resta pas longtemps au service ; mais l'autre fit toutes les campagnes de la Révolution, si ce n'est aussi de l'Empire. Quand j'étais jeune, j'ai vu à Serres, vers 1877, un vieux Pieyre qui m'a rappelé ce souvenir de son grand-père.

A la Révolution, Royal-Auvergne était à Calais, il comptait 2 bataillons de 9 compagnies. Peu de ses officiers émigrèrent « retenus qu'ils étaient par l'affection de leurs hommes ». A la fin de 1791, le régiment porte le n° 18, il est commandé par M. de Tourville ; le 1er Bataillon va à Boulogne ; le 2e au Havre.

En janvier 1792, le 18e fait partie de l'armée du Nord sous le général de Rochambau, son ancien colonel ; il compte à la division Biron. Le 26 janvier, le 18e est à Valenciennes.

Les états de service de Jean d'Arnal (archives du Ministère de la Guerre) le portent lieutenant du 27 janvier 1792. J'estime que cette date est bien celle de la nomination de Lieutenant de Jean d'Arnal, bien que l'annuaire de l'année établi à la date du 1er mai 1792, le fasse figurer, sous le nom « Arnail-Desserres », parmi les plus jeunes Sous-Lieutenants du 18e d'Infanterie, cy-devant Royal-Auvergne (page 97). A cette époque troublée, les données de l'annuaire sont sujettes à caution. Cet annuaire présente les cadres du 18e au complet, alors que ceux du 17e, cy-devant Auvergne, sont comme ceux de bien d'autres régiments entièrement vidés par l'émigration.

Les 27 et 28 janvier 1792, le 18e est au pont de Blanc-Misseron. Il prend Quiévrain et marche à l'attaque des avants-postes de Beaulieu aux approches de Mons, mais il est englobé dans la fameuse panique de Quiévrain.

Le 3 mai, il est à Maubeuge et enlève aux cavaliers autrichiens le poste de Brétigny, leur tuant 20 hommes et dispersant le reste. Il reçoit dans ses rangs comme officier, Chérin, le dernier généalogiste des Ordres du Roy (7 mai).

Le 1er juillet, le régiment est sous les ordres de Lanoue, 1er Bataillon à Maubeuge ; 2e et dépôt à Avesnes. Le 11, faisant partie de l'armée de Lafayette, il s'établit au camp de Maulde.

En octobre, départ de Maubeuge et entrée en campagne sous les ordres du Général d'Harville ; marche sur Jemmapes. Le 1er novembre, le 18e est à Houe, près du Bois de Sars, à la droite de l'armée ; le 4, près de Ganly et de Noircham ; le 5, à gauche de Siply ; le 6, bataille ; le 18e enlève les hauteurs du Mont Palissel. Poursuite sur Bruxelles ; la division d'Harville, avant-garde, y arrive le 13, après le combat d'Anderlecht où le 18e se distingue. Continuation de la poursuite, toujours à l'avant-garde et combat de Tirlement ; le 20, Marche sur la Meuse entre Namur et Liège. Le 2e bataillon prend Namur le 2 décembre et se distingue, le 5, au combat de Viviers-Laqueau.

En janvier 1793, le 18e défend le pont de Dinant et couvre la retraite de Dumouriez après Nerwinde.

Jean d'Arnal est fait capitaine le 3 mars.

Le 25 mars, le 18e est dirigé sur Maubeuge où il arrive le 1er avril. Le 22, il repousse une attaque ; le 2e bataillon se fait remarquer à Hautmont. Le 2 mai, ce bataillon repousse et poursuit un fort parti qui a attaqué le poste de Brétigny. Le 18e fortifie Maubeuge et les avancées et a pour chefs successifs Custine, Jourdan, Kléber.

Le 10 et 11 juillet, le 18e attaque la redoute du Petit-Luxembourg et s'y maintient malgré des retours offensifs répétés. C'est là, le 11, que Jean d'Arnal fut mortellement blessé d'un coup de feu à la tête. Au sujet de cette blessure, les archives de la Guerre portent la mention « Voir la lettre du citoyen Basquiat du 17 du même mois. » Mais cette lettre ne se trouve ni au dossier de ce citoyen, ni au dossier de Jean d'Arnal. Jean d'Arnal commandait alors une compagnie de

Grenadiers. Un des Pieyre le soigna jusqu'à sa mort qui survint le 6 septembre. On a encore à Serres la lettre par laquelle ce Pieyre annonçait cette mort à la famille : « C'est un frère que je perds, disait-il, c'est la plus belle plume de mon chapeau qui s'en va. » Et rentré au pays après bien des campagnes, bien des combats et après avoir vu bien des personnalités militaires, le vieux Pieyre disait : « Si le Capitaine d'Arnal avait vécu, l'Empereur en aurait fait un maréchal. »

En 1792, Jean d'Arnal, ainsi qu'on l'a vu, avait dû démocratiser son nom ; malgré cela, malgré la fidélité au drapeau, il était comme tant d'autres suspect, et il était sur le point d'émigrer quand il fut mortellement frappé. Il y a encore à Serres quelques lettres de lui des plus intéressantes.

IV

Marie-Henri-Honoré d'Arnal de Serres, Préfet de l'Aveyron.
(1812-1879)

Marie-Henri-Honoré d'Arnal de Serres naquit au château du Monna, près Millau, le 7 juin 1812 ; il était le quatrième enfant de Louis-Alexandre d'Arnal de Serres et d'Anne-Henriette-Elisabeth de Bonald.

A l'âge de 8 ans, il quitta la maison paternelle et fut envoyé avec son frère Gustave faire ses études chez les Jésuites d'Amiens, au collège de Saint-Acheul où avant eux avait été leur oncle qui devait être plus tard le cardinal de Bonald.

Ses études finies, Henri de Serres revint passer quelques années au Monna et au Vigan, puis un peu avant 1840, il partit pour Paris se créer une position. Ce fut pénible ; dans une lettre écrite en 1857, son ami Barbey d'Aurevilly lui disait : « Nous avons été ensemble sur le radeau de la Méduse. » Les essais tentés dans le Commerce ou l'Industrie avaient été désastreux ; les essais tentés dans les Lettres étaient plus encourageants, lorsque survinrent les événements de 1848.

Henri de Serres s'engagea dans la Garde Nationale mobile, combattit l'émeute, puis se lança dans le journalisme, à Nevers d'abord, puis à Mâcon, enfin à Valence. Le 12 août 1853, Napoléon III le faisait Chevalier de la Légion d'honneur pour services rendus dans la presse.

En juin 1854, Henri de Serres entrait dans l'Administration comme Conseiller de préfecture de la Drôme et secrétaire général.

Le 17 février 1857, il épousait Jeanne-Honorée Frandon, d'une famille de Valence.

En février 1859, le Pape Pie IX lui conférait la croix de Chevalier de l'Ordre de Saint-Grégoire-le-Grand.

Le 11 juin 1860, Henri de Serres est nommé Sous-Préfet de Nyons; le 1er mars 1862, Sous-Préfet de Montélimar. Des difficultés amenées par les élections législatives le firent envoyer à Thionville, le 17 février 1865. Il y fut fait Officier d'Académie, le 15 août 1870.

La guerre venait d'éclater. Après les premières défaites, la place se trouvant menacée, Henri de Serres envoya sa femme et ses cinq enfants dans la Drôme, aux Bessets, dans une terre de sa femme, où la famille arriva après un mortel voyage de 3 jours.

Thionville fut peu inquiété jusqu'à la capitulation de Metz (27 octobre); mais à partir de cette date, le blocus se resserra, les opérations de siège s'amorcèrent, et le 22 novembre à 6 heures du matin, commença un effroyable bombardement ininterrompu de 56 heures, avec un seul répit journalier, de midi à 1 h. 26.000 projectiles tombèrent sur la malheureuse ville qui fut réduite en cendres. Henri de Serres était encore couché quand le bombardement avait commencé; un des premiers obus lancés par les Allemands, un obus de 15 cent. éclata dans le salon contigu à la chambre dans laquelle il se trouvait. Avec quelques familles de voisins, il se réfugia dans une poterne sous le terre-plein des remparts. Mais quand l'incendie eût commencé ses ravages en ville, son devoir l'appela hors de son abri et il dut en sortir pour calmer une population affolée. Sa conduite en ces circonstances tragiques lui valut, l'année suivante (2 décembre 1871), la croix d'Officier de la Légion d'honneur.

Pendant le siège Henri de Serres s'était occupé à continuer le recrutement de la garnison sur le territoire même de son arrondissement occupé par l'ennemi. Le fait était puni de mort par les Allemands. Aussi, après la capitulation, dut-il se cacher pendant quelques jours aux environs de la ville, jusqu'à ce qu'il ait pu passer sans encombre dans le Grand-Duché de Luxembourg.

Il gagna Bruxelles où le chargé d'affaires de France lui remit des dépêches pour le Gouvernement de la Défense Nationale dont le siège était à Bordeaux.

Henri de Serres y arriva après un voyage des plus pénibles, exécuté dans des conditions de lenteur incroyables par un hiver des plus rigoureux. Il avait d'abord été transporté de Calais à Cherbourg par mer sur l'ancien yacht de l'Impératrice Eugénie, l'*Hirondelle*, commandé par le capitaine de frégate de Marquessac, devenu plus tard vice-amiral. De Cherbourg, il gagna Niort, puis Bordeaux par des trains lents, irréguliers, retardés ou arrêtés à tout instant par les transports de troupes ou de matériel à destination de l'armée de la Loire.

A Bordeaux, le Sous-Préfet de Thionville fut admirablement reçu par les membres du Gouvernement de la Défense Nationale. Comme il le demandait, il fut maintenu jusqu'à la paix dans ses fonctions de Sous-Préfet d'une ville occupée par l'ennemi, mais, en raison de sa belle conduite, son traitement lui était continué.

Après la paix, à la suite de longues démarches, Henri de Serres fut nommé Sous-Préfet de Dieppe (31 mars 1871). Un an après, au cours d'un voyage qu'il fit à Paris, il fit dans une cage d'ascenseur à l'hôtel du Louvre, une chute qui le mit à toute extrémité et dont il ne se remit jamais complètement.

Le 26 mai 1873, il fut nommé Préfet de l'Aveyron.

Le 21 mars 1876, il était mis en disponibilité pour raison de santé. En octobre, il quittait Rodez et s'installait à Valence dans la famille de sa femme. C'est là qu'il mourut le 2 février 1879.

CHAPITRE IV

REPRODUCTION DE DOCUMENTS

I. Ordonnance d'enregistrement des armoiries des d'Arnal.

II. Attestations de vétérans du Vigan à l'appui de la demande de la croix de Saint-Louis faite par le Capitaine Jean-Louis d'Arnal du Régiment de Dauphiné.

III. Preuves de noblesse de Jean-Louis-Marie d'Arnal de Serres.

IV. Tableau de la parenté entre Alexandre de Serres et Henriette de Bonald.

V. Lettre de Henri de Serres, sous-préfet de Thionville, à sa femme, après le bombardement de la place.

VI. Arrêté du Ministre de l'Intérieur et de la Guerre, mettant Henri de Serres en congé.

Languedoc,

PAR ORDONNANCE RENDUE le *5ème* du mois de *février* de l'an 17*00*. par M[rs] les Commiſſaires Généraux du Conſeil députez ſur le fait des **Armoiries**.

Celles de:

Messire d'Arnal, Écuyer, Chevalier des Ordres du Roi.

Telles qu'elles ſont ici peintes & figurées, après avoir été reçuës, ont été enrégitrées à l'Armorial Général, dans le Régitre cotté Languedoc, en conſequence du payement des droits réglés par les Tarif & Arreſt du Conſeil, du 20e de Novembre de l'an 1696. en foi dequoi, le préſent Brévet a été délivré A Paris par Nous CHARLES D'HOZIER, *Conſeiller du* ROI, *& Garde de l'Armorial Général de France, &c.*

dhozier

II

Attestation de Vétérans du Vigan à l'appui de la demande de la Croix de Saint-Louis faite par le Capitaine Jean-Louis d'Arnal, du régiment de Dauphiné (Archives du Ministère de la Guerre).

Nous soussignés, vétérants, anciens sous-officiers, et soldats du régiment d'Infanterie, successivement de Custine, Saint-Chamond, Rosen, aujourd'huy Dauphiné, certifions et attestons que Mr Jean-Louis Arnail de Serres, ancien capitaine dudit régiment a fait avec nous les campagnes de 1748, de 1757 et de 1758 ; que nous l'avons et connu lieutenant, et capitaine depuis 1747 qu'il a commencé à servir en qualité d'officier jusqu'au momment de la réforme, et qu'il n'a pas eu d'interruption dans son service. En foy de quoy nous luy avons décerné le présent certificat pour luy servir et valoir.

Au Vigan le 10 février 1791

CABANIS

Au Vigan le 14 février 1791	Peirenc Dée
Au Vigan le 15 février 1791	Michel
Au Vigan le 17 février 1791	Jean Mashal
Fait au Vigan le 18 février 1791	Sarradon
Fait au Vigan le 20 février 1791	François Durand

III

Preuves de noblesse de Jean-Louis-Marie d'Arnal de Serres (Bibliothèque nationale Manuscrits fr. 31570-Chérin 8).

Dressé le 23 may 1788
sur titres communiqués

Sous-lieutenant

d'Arnal, en Languedoc.

Feu s[r] Barthélemy Arnal est rappelé dans le contrat de mariage de Louis, son fils, du 30 juin 1706, auquel assista demoiselle Jeanne de Monestier, sa femme (Original).

Sr Louys Arnal Marchand épousa par contrat passé à Vigan, le 30 juin 1706, devant Begon, notaire royal, demoiselle Marianne Angely, fille légitime et naturelle de feus s[r] Claude Angely m[e] app[re] et de D[elle] Marie de Begon, mariés ; les parties étant assistées savoir le futur de la D[elle] sa mère, du Sr Barthélemy Arnal prêtre et sous-diacre dud. Vigan, son frère, du Sr Pierre Arnal, prêtre et camarier de lad. ville, son oncle et du Sr Jean, évêque, aussi son oncle ; Et la future du susd. notaire et du Sr Gabriel Caulet, marchand dud. Vigan, ses oncles (minute originale en papier étant dans le protocole dud. notaire).

Sr Barthélemy Arnal prêtre et sous-diacre de Vigan, assista le 30 juin 1706.

Provision d'auditeur des comptes à Montpellier.

Me Louis Arnal fut pourvû, le 14 juin 1720, de l'office de Conseiller du Roy, auditeur en sa cour des Comptes, aydes et finances de Montpellier que tenait et exerçait Me Antoine Trémouille dernier possesseur : ces provisions dattées de Paris, signées sur le reply, par le Roy Robinot, et scellées (Original en papier).

Messire Louis Arnal, seigneur direct du Mas de Serres, parroisse Daulas, auditeur en la Chambre des Comptes, aides et finances de Montpellier, donna à rente perpétuelle par acte passé le 17 septembre 1726 devant Finielz, notaire royal, à Jean Boudon, pareur de drap de la ville d'Aulas, les Moulin, Bladier et Fonlon situés aux appartenances dudit Serres, moyennant la rente annuelle de 90[1] (grosse en papier signée dud. notaire).

Messire Louis d'Arnal, seigneur directe de Serres, conseiller auditeur en la Cour des Comptes aydes et finances de Montpellier, et dame Marianne d'Angely, sa femme, assistèrent au contrat de mariage de Louis, leur fils, du 21 janvier 1733. (Original).

Messire Louis Arnal s[r] de Serres, conseiller auditeur en la Cour des Comptes aydes et finances de Montpellier, acquit par acte passé le 17 octobre 1739 devant Séverac, notaire royal, de messire Estienne de Villars conseiller auditeur en ladite cour une maison, court et jardin, située au faux-bourg supérieur de la ville du Vigan, moyennant la somme de 6000[1] (grosse en papier signé dudit notaire).

Provision du successeur.

Deffunt le s[r] Louis Arnal est rappelé dans les provisions de l'office de conseiller du Roy auditeur en la Cour des Comptes aydes et finances de Montpellier, dont il était décédé revêtu, accordées à Louis, son fils le 13 may 1767 (Original).

Noble Louis d'Arnal, sieur de Serres, épousa par contrat passé en la ville du Vigan, diocèse d'Alais, le 21 janvier 1733 devant Aguze, notaire royal, demoiselle Élisabeth-Agathe de Roussy, fille de noble Jean de Roussy, seigneur de Caladon, Nobrégas, Cazeneuve et autres places et de dame Marie de Martin, son épouse ; les parties étant assistées savoir le futur de ses père et mère, de Monsieur Guillaume d'Arnal, seigneur d'Espinassou, Reven, Comeiras, La Roque, La Canourgues, La Vilatelle, Randavel et autres places, son oncle et de dame Marianne de la Garde, épouse dud. seigneur d'Espinassou, sa tante, et la future desd. S[r] et D[e] ses père et mère et de nobles Annibal et Jean de Roussy, ses frères, (Minute originale en papier étant dans le protocole dud. notaire).

Provision d'auditeur des comptes à Montpellier.

Le sieur Louis Arnal fut pourvû le 13 May 1767 de l'office de conseiller du Roy, auditeur de la cour des comptes, aydes et finances de Montpellier que tenoit et exerçoit deffunt le sieur Louis Arnal, son père, dernier titulaire, mort le 18 mars précédent : ces provisions dattées de Paris, signées sur le reply par le Roy, le Mercier et scellées et enregistrées à lad. cour le 14 juillet 1767, signée Devet, et au Bureau des finances de la généralité de Montpellier le 17 du même mois, signé Guilleminus. (Original en parchemin.)

Messire Louis d'Arnal, écuyer, seigneur de Serres, le Maz et le Plan et autres places, cons[er] auditeur en la cour des comptes, aides et finances de Montpellier, assista au contrat de mariage de Jean-Louis, son fils, et de (1) Dame Agathe de Roussy, son épouse du 10 juin 1771 (grosse).

Louis Arnal, seigneur de Serres et de Bréaumèze, conseiller auditeur en la souveraine cour des comptes, aydes et finances de Montpellier fit son testament olographe en la ville du Vigan, le 16 avril 1777, par lequel il légua à Messire Guillaume-Victor d'Arnal, son fils cadet, prêtre, et curé du lieu de la Nuège, la somme de 10.400[l] ; au Sr de la Tour, son petit-fils, la somme de 1000[l] outre la constitution dotale qu'il avoit faite à feue Mad[e] d'Arnal, sa fille dans son contrat avec Mr de la Tour, avocat en parlement ; et à D[lle] Agathe d'Arnal de Serres, sa fille, la somme de 12.400[l] et institua pour son héritier universel Noble Jean-Louis d'Arnal, son fils aîné ; ce testament souscrit le même jour devant Louis Marthe Gendre, notaire royal du Vigan, au diocèse d'Allais, et ouvert le 18 décembre suivant (grosse en parchemin signée dud. notaire).

Vente de l'office d'auditeur des comptes.

Feu Messire Louis d'Arnal, seigneur de Serres est rappelé dans l'acte de vente de son office de conseiller auditeur en la souveraine cour des comptes, aydes et finances de Montpellier, faite par son fils le 10 mars 1778 (grosse).

Le capitaine Jean-Louis Arnal de Serres, obtint le 22 may 1759, la comm[on] de capitaine dans le régiment d'Infanterie de St Chamond en l'absence et en attendant le retour du Capitaine La Motte	Mre Guillaume-Victor d'Arnal, prêtre curé de la Nuège lég[re] le 16 avril 1777	N. d'Arnal de la Serre, épouse Mr de la Tour, avocat en la Cour, 16 avril 1777

Cairon, prisonnier de guerre. Cette commission datée de Versailles, signée Louis, plus bas, par le Roy, Bayer et scellée.

(Original en parchemin.)

Noble Jean-Louis d'Arnal, ancien capitaine d'infanterie, habitant de la ville du Vigan, épousa par contrat passé, le 10 juin 1771, devant Joseph Vezian, c[er] du Roy, notaire de la ville de Montpellier, D[lle] Françoise-Gabrielle Causse,

(1) Il y a là impropriété de terme. Au lieu de « et de », il faut « avec ». Agathe de Roussy était en effet la mère du marié.

fille légitime et naturelle de feu noble Jacques Etienne Causse, conseiller correcteur en la cour des comptes, aydes et finances de Montpellier et de feue D[e] Marie-Anne Bernard, son épouse ; les parties étant assistées savoir, le futur de son père et la future de Mre Jean Causse, son oncle, conseiller en ladite cour des comptes, aydes et finances de Montpellier et de M[re]. Jean Bernard, aussi son oncle, conseiller, secrétaire du Roy, maison, couronne de France en la chancellerie près ladite cour (grosse en papier signée dud. notaire).

Messire Jean-Louis d'Arnal de Serres, ancien capitaine d'Infanterie et Dame Françoise-Gabrielle Causse, sa femme, sont nommés dans l'extrait baptistaire de Jean-Louis-Marie leur fils, du 20 août 1773. (Ext. lég.)

Noble Jean-Louis d'Arnal fut institué héritier universel par le testament de son père du 16 avril 1777 (Grosse).

Mre Jean-Louis d'Arnal, Seigneur de Serres et Bréaumèze, vendit par acte passé le 10 mars 1778 devant Louis Marthe gendre, notaire royal du Vigan, à Messire Jean-Baptiste de Sambucy, seigneur de Luzançon et cosseig[r] de Saint-Georges de Luzançon, l'état et office de conseiller auditeur en la souveraine cour des comptes aydes et finances de Montpellier dont étoit pourvu feu Messire Louis d'Arnal, son père et précédemment autre feu Louis d'Arnal, son grand-père, moyennant la somme de 19.000[l]. (Grosse en papier signée dudit notaire.)

Messire Jean-Louis d'Arnal Seigneur de Serres, la Bréaumèze et autres places, ancien capitaine d'Infanterie donna à bail perpétuel par acte passé le 14 septembre 1782, devant Henry Dunal, notaire royal du lieu de Bréau, à Antoine Fadal, travailleur, une pièce de terre chatagnes et chênes située dans le taillable de Bréau, moyennant la rente foncière de 5 septiers chataignes blanches (grosse en parchemin, signée dud. not[re].)

Jean-Louis-Marie d'Arnal de Serres, né le 16 avril 1773, a été baptisé le 20 suivant dans l'église paroissiale de Saint-Pierre de la ville du Vigan, au diocèse d'Alais.

(Ext. délivré le 7 avril 1788, par le curé de ladite paroisse signé Pellier et légalisé).

IV

Tableau de la parente entre Alexandre de Serres et Henriette de Bonald.

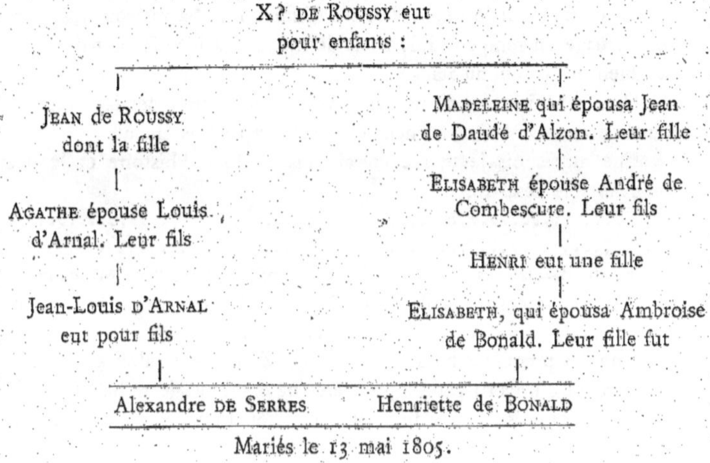

V

Lettre d'Henri de Serres, Sous-Préfet de Thionville, à sa femme après le bombardement de la place

Ce 25 Novembre,

Je suis en vie, rassure-toi. Mais quel horrible bombardement la pauvre ville de Thionville vient de subir ! Pendant 53 heures les bombes et les obus n'ont cessé de tomber sur la ville ! La Sous-Préfecture et tous les bâtiments attenants ont été brûlés et il ne reste que les murs. Le tiers de la ville est détruit. C'est un désastre sans pareil dans l'histoire, pire certainement que celui de Strasbourg. Je m'étais réfugié dans la poterne du jardin de la Ville avec Rose et Baptiste, les

Saitelet, les Lacroix, etc. Nous avons sauvé nos personnes et nos pauvres meubles. Sois donc bien tranquille. Je partirai demain ou après demain, pour venir te rejoindre mais je ne sais trop encore quelle route je prendrai...

Rose et Baptiste, Rose surtout ont été d'un courage, d'un dévoûment que je n'oublierai jamais.

En ce moment je t'écris de chez Clémentine. Sa maison a été préservée par le voisinage du rempart. Elle avait donné asile à Mme Robert de Wendel. Elle te fait bien des compliments.

Que je bénis Dieu de ne pas t'avoir eu avec moi pendant ces jours d'épouvantable épreuve ! Que seraient devenus les pauvres enfants.

Une autre fois je te raconterai plus au long l'histoire et le détail de cet épouvantable désastre.

....

....

M. de Bazelaire a eu la moitié de sa maison anéantie. M. Auger l'a échappé par miracle, sa cuisine seule s'est effondrée. Il a sauvé tout son mobilier.

....

Une des premières bombes est tombée dans notre salon à 6 h. 1/2 du matin, au moment où averti par les premières détonations, je m'habillais à la hâte.

Je n'en finirais pas si je te racontais en détail tous les épisodes de cet effroyable sinistre.

Adieu encore une fois ou plutôt à bientôt. H.

Les Prussiens sont entrés ce matin dans la ville. On n'a capitulé qu'hier soir.

VI

Arrêté du Ministre de l'Intérieur et de la Guerre mettant Henri de Serres en congé.

MINISTÈRE de L'INTÉRIEUR

Le Ministre de l'Intérieur et de la Guerre,

Considérant que la place de Thionville ayant été occupée par l'ennemi après un blocus de trois mois et demi et un bombardement de cinquante-six heures, le Sous-Préfet a été contraint par la force à quitter sa résidence ; qu'il y a lieu de régulariser la position de ce fonctionnaire dont le dévouement ne s'est pas démenti pendant cette lutte terrible et qui est courageusement resté à son poste jusqu'au dernier moment ;

Arrêté :

Il est accordé à M. Henri de Serres, Sous-Préfet de l'arrondissement de Thionville (Moselle), un congé indéterminé pendant la durée duquel il continuera à toucher le traitement de Sous-Préfet de première classe jusqu'au 31 décembre 1870 et la moitié seulement de ce traitement à partir du 1er janvier 1871.

Fait à Bordeaux, le 24 décembre 1870.

Pour le Ministre :

Le Directeur général du Personnel et du Cabinet,

Signé : C. Laurier.

Pour copie conforme :

Pour le Directeur général et par ordre :

Le Chef de Bureau,

A. Jugla.

TABLE DES MATIÈRES

9-06. — Saint-Brieuc. Imprimerie René Prud'homme.

www.ingramcontent.com/pod-product-compliance
Lightning Source LLC
LaVergne TN
LVHW020245230826
846091LV00006B/2260